Медведь и девочка

Светлана Кокорышкина

Медведь и девочка

Ernst Klett Sprachen
Stuttgart

Светлана Кокорышкина

Медведь и девочка

1. Auflage 1 15 14 13 12 11 | 2029 28 27 26 25

Nachfolger von 978-3-12-515340-0
Alle Drucke dieser Auflage sind unverändert und können im Unterricht nebeneinander verwendet werden.
Die letzte Zahl bezeichnet das Jahr des Druckes.
www.klett-sprachen.de

Redaktion: Elisabetta Nöldeke, Elena Herrmann
Layoutkonzeption: Elmar Feuerbach
Gestaltung und Satz: Satzkasten, Stuttgart
Umschlaggestaltung: Sandra Vrabec
Titelbild: Okapia (© Mark Newman / Alaska Stock), Frankfurt
alle Inhaltsbilder: Jurij und Ludmilla Ledin, St Petersburg
Druck und Bindung: Digitaldruck Tebben GmbH, Biessenhofen

Printed in Germany
ISBN 978-3-12-515339-4

Содержание

От а́втора

Всё, о чём расска́жет э́та ма́ленькая кни́жечка, – настоя́щая пра́вда. Геро́и э́той исто́рии то́же настоя́щие, да́же имена́ и фами́лии я не меня́ю. Э́та симпати́чная дру́жная семья́ живёт в Росси́и. Э́то мои́ друзья́. Мы не́сколько лет жи́ли да́же в одно́м до́ме. Э́то бы́ло далеко́ на се́вере Сиби́ри, на полуо́строве Таймы́р, в го́роде Нори́льске. В то вре́мя я жила́ там и рабо́тала журнали́сткой. И как э́то ча́сто быва́ет в рабо́те журнали́ста, судьба́ привела́ меня́ к интере́сным лю́дям – Ле́диным. Мы ста́ли друзья́ми.

Мои́ друзья́ – био́логи, они́ изуча́ли живо́тный мир Се́вера и де́лали интере́сные фи́льмы о приро́де и живо́тных. Они́ расска́зывали лю́дям о пробле́мах окружа́ющей среды́. Как сохрани́ть приро́ду, как помо́чь живо́тным, что до́лжен сде́лать для приро́ды челове́к – вот вопро́сы, кото́рые интересова́ли их.

А что бы́ло с бе́лым медве́дем? Не бу́дем спеши́ть! Сейча́с вы са́ми всё узна́ете, мои́ дороги́е чита́тели.

Der Infinitiv der Verben wird in der Reihenfolge unvollendeter/vollendeter Aspekt (uv./vo.) angegeben.

3 **меня́ть/поменя́ть** tauschen – 7 **полуо́стров Таймы́р** die Halbinsel Taimyr *(im Norden Sibiriens)* – 7 **Нори́льск** *Stadt auf der Halbinsel Taimyr* – 9 **судьба́** Schicksal – 15 **окружа́ющая среда́** Umwelt – 15 **сохраня́ть/сохрани́ть** erhalten, schützen – 20 **спеши́ть/поспеши́ть** eilen

В зоопа́рке

Бе́лый медве́дь роди́лся далеко́ от ро́дины пре́дков. Он роди́лся на ю́ге, на берегу́ тёплого Чёрного мо́ря, в зоопа́рке куро́ртного го́рода Со́чи. Медвежо́нок ве́сил всего́ полкило́ – настоя́щее ма́ленькое бе́лое чу́до с тремя́ чёрными то́чками вме́сто глаз и но́са!

Как э́то ча́сто быва́ет в нево́ле, медве́дица не хоте́ла корми́ть ребёнка. Рабо́тники зоопа́рка по о́череди забо́тились о нём, корми́ли его́ из буты́лочки молоко́м и ры́бой. Медвежо́нок хорошо́ ел, бы́стро рос и был о́чень весёлым.

Ю́рий Я́нович Ле́дин, био́лог и кинорежиссёр из го́рода Нори́льска, с жено́й и до́черью отдыха́л на берегу́ Чёрного мо́ря. Ле́дины ча́сто приходи́ли в зоопа́рк и часа́ми наблюда́ли бе́лых медве́дей.

Рабо́тники зоопа́рка зна́ли об их любви́ к Се́веру, к бе́лым медве́дям. И, коне́чно, им пе́рвым показа́ли медвежо́нка. С э́той мину́ты Ю́рий Я́нович потеря́л поко́й – э́то была́ любо́вь с пе́рвого взгля́да. Всё свобо́дное вре́мя проводи́л он с медвежо́нком. Все смея́лись, что Ю́рий Я́нович был для него́ как мать.

А вре́мя шло бы́стро, конча́лся о́тпуск. И вот уже́ пора́ уезжа́ть с жа́ркого ю́га домо́й, на се́вер Сиби́ри, в го́род Нори́льск, где жи́ли Ле́дины. Тру́дно бы́ло расста́ться с медвежо́нком, его́

4 **ве́сить** (uv.) wiegen – 5 **чу́до** Wunder – 7 **нево́ля** Gefangenschaft – 8 **корми́ть/накорми́ть** füttern – 9 **забо́титься/позабо́титься** sich kümmern – 15 **наблюда́ть** (uv.) beobachten – 19 **поко́й** Ruhe

полюби́ла вся семья́: жена́ Людми́ла Петро́вна – то́же био́лог, как и Ю́рий Я́нович, и их дочь Верони́ка. Да не то́лько из-за любви́ не хоте́л расстава́ться Ю́рий Я́нович с медвежо́нком – он мечта́л верну́ть его́ ди́кой приро́де. В зоопа́рке жи́ли уже́ два бе́лых медве́дя, а для тре́тьего бы́ло ма́ло ме́ста – да ещё в жа́рком кли́мате Со́чи! Ита́к, Ю́рий Я́нович получи́л разреше́ние взять медвежо́нка с собо́й. Рабо́тники зоопа́рка бы́ли ра́ды, что медвежо́нок попа́л в хоро́шие ру́ки и улета́ет на Се́вер.

В аэрофло́те пропусти́ли медвежо́нка в самолёт без биле́та. Да и о како́м биле́те говори́ть, е́сли медвежо́нок сиде́л в небольшо́й су́мочке Людми́лы Петро́вны! Лю́ди смотре́ли на него́ и улыба́лись. Он был ма́ленький и о́чень краси́вый. Все хоте́ли его потро́гать. Верони́ка игра́ла с ним, они́ уже ста́ли друзья́ми.

1. Где роди́лся медвежо́нок и почему́ медве́дица не хоте́ла корми́ть своего́ ребёнка?
2. Кто забо́тился о нём и почему́ Ле́диных интересова́л медвежо́нок?

5 **мечта́ть** *(uv.)* (tag-)träumen

В го́роде Нори́льске

Го́род Нори́льск, где жила́ семья́ Ле́диных, – необыкнове́нный го́род. Э́то оди́н из са́мых се́верных городо́в ми́ра. Го́род, о кото́ром его́ жи́тели в шу́тку пою́т пе́сенку: «У нас двена́дцать ме́сяцев зима́, а то, что оста́нется, э́то – на́ше поля́рное ле́то». В ноябре́, декабре́ и январе́ темнота́ и хо́лод ца́рствуют в го́роде. То́лько се́верное сия́ние освеща́ет ту́ндру, а го́род – электри́ческие огни́. Но когда́ пото́м в феврале́ появля́ется со́лнце, э́то большо́й пра́здник на Кра́йнем Се́вере. Он так и называ́ется – Пра́здник Со́лнца.

До́лгие ме́сяцы лю́ди жи́ли без со́лнца, жда́ли его́. Снача́ла со́лнце пока́зывает свои́ пе́рвые лучи́ и бы́стро исчеза́ет. Оно́, коне́чно, ещё не даёт тепло́, но све́тит. Ка́ждый день со́лнце поднима́ется вы́ше от горизо́нта и све́тит до́льше. Ему́ ра́ды взро́слые и де́ти. А дете́й в Нори́льске о́чень мно́го. Три́ста ты́сяч жи́телей в го́роде, почти́ сто ты́сяч – де́ти.

Э́то не потому́, что в ка́ждой семье́ мно́го дете́й, ча́сто то́лько оди́н ребёнок. Кли́мат здесь о́чень тру́дный, ста́рые лю́ди уезжа́ют из го́рода. На рабо́те за «кли́мат» да́же пла́тят дополни́тельные де́ньги. А рабо́ты в Нори́льске мно́го: там добыва́ют медь, ни́кель, ко́бальт, зо́лото и други́е мета́ллы.

2 **необыкнове́нный** ungewöhnlich – 7 **ца́рствовать** (uv.) herrschen – 8 **се́верное сия́ние** Polarlicht – 8 **освеща́ть/освети́ть** beleuchten – 10 **пра́здник** Fest – 15 **исчеза́ть/исче́знуть** verschwinden – 24 **дополни́тельный** zusätzlich – 26 **добыва́ть медь** (f.) Kupfer gewinnen

Вот и приезжа́ют молоды́е лю́ди на Се́вер, порабо́тают не́сколько лет, зарабо́тают де́ньги и уезжа́ют наза́д к себе́ домо́й или в други́е города́ и дере́вни. Не́которые лю́ди живу́т здесь постоя́нно, счита́ют Нори́льск свое́й ро́диной, лю́бят э́тот го́род.

Тру́дно жить в Нори́льске, иногда́ моро́зы быва́ют пятьдеся́т гра́дусов, ча́сто – три́дцать, со́рок, а е́сли ещё и ве́тер … Тогда́ объявля́ют по ра́дио: «Сего́дня моро́з три́дцать гра́дусов, ско́рость ве́тра два́дцать ме́тров в секу́нду: заня́тий в шко́ле нет». И не потому́, что си́льный моро́з – к мо́розу лю́ди привы́кли. Опа́сен си́льный ве́тер, он мо́жет унести́ ребёнка в ту́ндру и́ли уда́рить об сте́ну до́ма.

А взро́слые иду́т на рабо́ту. В зда́ниях светло́ и тепло́. Обы́чная температу́ра в них плюс два́дцать пять, два́дцать шесть гра́дусов.

***

Всегда́ тепло́ бы́ло и в двухко́мнатной кварти́ре Лéдиных. Э́то не нра́вилось бе́лому медве́дю, когда́ семья́ верну́лась домо́й. Медвежо́нок уходи́л на балко́н, в снег, до́лго смотре́л с седьмо́го этажа́ на у́лицу, пото́м возвраща́лся в ко́мнату «погре́ться», и всю́ду слы́шалось его́ гро́мкое «ай, ай, ай».

Он не ла́ял, как соба́ка, не пища́л, как пти́чка, а «айкал», поэ́тому Верони́ка назвала́ медвежо́нка

5 **постоя́нно** dauernd, ununterbrochen – 13 **опа́сен** gefährlich – 15 **ударя́ть/уда́рить** schlagen – 23 **гре́ться/погре́ться** sich wärmen – 25 **ла́ять/прола́ять** bellen – 25 **пища́ть** (uv.) piepsen, quietschen

– А́йка. Они́ бы́ли уже больши́ми друзья́ми. А́йка всю́ду ходи́ла за Верони́кой, меша́ла ей де́лать дома́шнее зада́ние, обли́зывала ей нос и ру́ки, уноси́ла в зуба́х её ту́фли на балко́н и пря́тала их в снег. Она́ счита́ла Верони́ку свое́й «сестрёнкой» и постоя́нно хоте́ла игра́ть с ней. Когда́ игра́ была́ о́чень шу́мной, Ю́рий Я́нович говори́л гро́мко два сло́ва: «Де́ти, гуля́ть!» Верони́ка ещё надева́ла шу́бу, а А́йка уже́ сиде́ла у две́ри.

На у́лице вокру́г А́йки собира́лись ребя́та – все её о́чень люби́ли, и она́ их то́же люби́ла.

Вре́мя шло бы́стро. А́йка заме́тно вы́росла: она́ была́ в длину́ уже́ бо́льше ме́тра и ве́сила почти́ во́семьдесят килогра́ммов. По́сле двадца́того

3 **обли́зывать/облиза́ть** ablecken – 9 **шу́ба** Pelzmantel – 12 **выраста́ть/вы́расти** wachsen

ма́я начну́тся у Верони́ки кани́кулы – и до пе́рвого сентября́! К тому́ же наступи́л поля́рный день. И хотя́ ещё лежа́л снег, и дул холо́дный ве́тер с океа́на, ста́ло тепле́е – пора́ уезжа́ть в экспеди́цию.

Людми́ла Петро́вна забо́тливо пригото́вила всё, почти́ на пять ме́сяцев: проду́кты, медикаме́нты, тёплую оде́жду, о́бувь. Ещё и ещё раз проверя́ла – не забы́ла ли чего́?

Ю́рий Я́нович взял на себя́ забо́ту о фи́льме и о ло́дке. Верони́ка собира́ла свои́ люби́мые кни́ги и уче́бники. Е́сли они́ уе́дут ра́ньше и верну́тся в конце́ сентября́, ей на́до занима́ться самостоя́тельно. Она́ не хоте́ла отста́ть в кла́ссе от ребя́т и получа́ть плохи́е отме́тки.

– Ну вот, всё гото́во, – сказа́ла Людми́ла Петро́вна. – Забо́ты бу́дут больши́е, а мо́жет и сюрпри́зы, ведь се́верное ле́то – не ю́жный куро́рт. Ещё и Ни́ка с на́ми!

– Не ду́май о плохо́м, всё бу́дет хорошо́, – сказа́л Ю́рий Я́нович.

Ита́к, в путь-доро́гу!

1. Где нахо́дится го́род Нори́льск и что интере́сно в э́том го́роде?
2. Как вы ду́маете, почему́ А́йка счита́ла Верони́ку свое́й «сестрёнкой»?
3. Как они́ игра́ли?

2 **наступа́ть/наступи́ть** beginnen, anbrechen – 6 **забо́тливо** sorgfältig – 10 **забо́та** Sorge – 14 **самостоя́тельно** selbständig – 14 **отстава́ть/отста́ть** zurückbleiben

На о́строве Чамп

Лю́ди зна́ют ма́ло о жи́зни бе́лых медве́дей. Как они́ ко́рмят свои́х дете́й, как отно́сятся к други́м живо́тным и к челове́ку – всё бы́ло интере́сно Ле́диным. Они́ хоте́ли отве́тить на э́ти вопро́сы.

Из многочи́сленных острово́в Земли́ Фра́нца Ио́сифа они́ вы́брали са́мый се́верный о́стров – Чамп. Да́льше на Се́вер уже́ не́ было земли́, то́лько ледяно́й Поля́рный океа́н. И где-то ря́дом – Се́верный по́люс.

В А́рктику лете́ла на самолёте вся семья́: Ю́рий Я́нович, Дюдми́ла Петро́вна, Верони́ка и А́йка. Лю́ди ду́мали, что А́йка найдёт здесь себе́ но́вую, медве́жью, семью́.

И вот о́стров Чамп. С самолёта он был бе́лым, как и океа́н. И то́лько тёмные ска́лы говори́ли, что э́то – о́стров. Ничего́ не́ было на о́строве – то́лько снег. Ле́дины всё привезли́ с собо́й. Они́ бы́стро собра́ли из бло́ков свой деревя́нный до́мик. Лётчик и бортмеха́ник помога́ли им. А пото́м они́ пожела́ли Ле́диным хоро́шей рабо́ты и попроща́лись. Самолёт улете́л. Верони́ка до́лго маха́ла руко́й вслед.

2 **относи́ться** (uv.) sich verhalten – 5 **о́стров** Insel – 5 **Земля́ Фра́нца Ио́сифа** Franz-Josefs-Land *(Inselgruppe im Polarmeer)* – 7 **Чамп** Tschamp *(Insel dieser Inselgruppe)* – 15 **скала́** Felsen – 22 **маха́ть/махну́ть** winken

Ю́рий Я́нович вы́копал в снегу́ я́му и спря́тал в ней мя́со и ры́бу, поста́вил га́зовую печь в до́мике. Людми́ла Петро́вна пригото́вила вку́сный обе́д, Верони́ка ей помога́ла. Э́то был пе́рвый обе́д в А́рктике: настоя́щий ру́сский борщ со смета́ной и нори́льским хле́бом. Пото́м они́ бу́дут хлеб печь са́ми.

– Как мно́го сне́га на о́строве, хорошо́ здесь бу́дет А́йке! – посмотре́л вокру́г Ю́рий Я́нович.

1 **выка́пывать/вы́копать** ausgraben – 1 **я́ма** Loch – 2 **печь** (f.) Herd – 5 **смета́на** saure Sahne, Schmand – 6 **печь/испе́чь** backen

– И мне здесь бу́дет хорошо́, – сказа́ла ра́достно Верони́ка. – Я всегда́ хоте́ла пое́хать с ва́ми, а вы меня́ не бра́ли, говори́ли, что мне лу́чше бу́дет до́ма с ба́бушкой.

– Не серди́сь, Ни́ка, тогда́ ты была́ ма́ленькой и ча́сто боле́ла, – улыбну́лась ма́ма.

– А тепе́рь ты больша́я и си́льная, как А́йка, – сказа́л Ю́рий Я́нович. Все засмея́лись.

– Де́ти, гуля́ть! Я познако́млю вас с А́рктикой, – сказа́л Ю́рий Я́нович.

– Здра́вствуй, А́рктика! – закрича́ла гро́мко Верони́ка. – Я тебя́ люблю́! А́йка «а́йкала» и бежа́ла за ней. Верони́ка бро́сила в А́йку снег. А́йка закры́ла глаза́ и заверте́ла голово́й. Э́то бы́ло о́чень смешно́.

14 **верте́ть/заверте́ть** (herum-)drehen – 15 **смешно́** lustig

Так они́ ка́ждый день до́лго игра́ли в снегу́: ката́лись с горы́ на карто́нке, догоня́ли друг дру́га и па́дали в снег. Оди́н раз Верони́ка толкну́ла А́йку в во́ду, А́йке э́то понра́вилось. Тепе́рь она́ шла в во́ду сама́. И удивля́лась, почему́ Ни́ка не купа́ется в холо́дной воде́, – э́то так прия́тно! Прия́тно бы́ло пить э́ту холо́дную во́ду и ку́шать лёд. Всё бы́ло А́йке интере́сно и удиви́тельно. Да, э́то не двухко́мнатная кварти́ра в Нори́льске – круго́м просто́р и снег. А когда́ устава́ли игра́ть, они́ спа́ли «нос к но́су» на раскладу́шке в до́мике. Игра́ли и спа́ли часа́ми.

2 **догоня́ть/догна́ть** einholen, fangen – 3 **толка́ть/толкну́ть** schubsen, stoßen – 10 **круго́м** ringsherum – 10 **просто́р** Weite – 11 **раскладу́шка** Klappbett

Людми́ла Петро́вна уже́ говори́ла Верони́ке: – Ты всё игра́ешь, как ма́ленькая А́йка. Ты забы́ла, тебя́ ждут твои́ кни́ги. Пора́ уже заня́ться и англи́йским языко́м.

***

Вре́мя шло бы́стро. Уже́ был ию́ль. Ди́кие медве́ди не приходи́ли, а ведь они́ – цель экспеди́ции.

– Всё э́то ми́ло, – сказа́л Ю́рий Я́нович и на́чал уже́ волнова́ться. – А е́сли медве́ди не приду́т? Что тогда́ де́лать?

Но, к сча́стью, че́рез два дня лю́ди уви́дели: к ла́герю шла больша́я медве́дица и два ма́леньких медвежо́нка. Они́ бы́ли голо́дными и пришли́ на за́пах пи́щи, но боя́лись подойти́ бли́зко. Мать-медве́дица легла́ на снег и накорми́ла дете́й свои́м молоко́м. На друго́й день медве́ди подошли́ бли́же, пото́м ещё бли́же … Лю́ди закры́ли дверь до́мика и ста́ли смотре́ть в окно́ – что бу́дет да́льше?

Медве́ди иска́ли еду́ – и вот нашли́ запа́сы экспеди́ции.

– Ма́ма, они́ съедя́т всё на́ше мя́со! И ры́бу … А́йке ничего́ не оста́нется, – сказа́ла Верони́ка ти́хо.

– Споко́йно, Верони́ка, у нас есть консе́рвы, – отве́тила Людми́ла Петро́вна.

2 **за́пах** Geruch – 2 **пи́ща** Nahrung

– Смотри́те, она́ ест сама́, де́тям ничего́ не даёт! – удиви́лась Верони́ка.

– Э́то пра́вильно, – заме́тил Ю́рий Я́нович, – де́тям на́до мно́го молока́, а у голо́дной ма́мы молока́ не бу́дет.

Когда́ обе́д ко́нчился, медве́ди … засну́ли на снегу́ недалеко́ от до́мика.

Тогда́ Ю́рий Я́нович вы́шел с ружьём из до́мика. Медве́дица подняла́ го́лову, посмотре́ла в его́ сто́рону, но челове́к был дово́льно далеко́. Э́то её успоко́ило, и она́ опя́ть закры́ла глаза́. Ю́рий Я́нович сде́лал два шага́ вперёд, э́то медве́дице не понра́вилось – она́ поднила́сь и зарыча́ла. Всё ста́ло я́сно: бли́же нельзя́. Что́бы быть друзья́ми, нужна́ диста́нция.

Так жи́ли медве́ди не́сколько неде́ль ря́дом с людьми́ – ничего́ не боя́лись. Осо́бенно ма́ленькие медве́ди. Они́ заходи́ли да́же в до́мик! Э́то о́чень не нра́вилось А́йке! «Уходи́те, уходи́те, э́то мой дом», – каза́лось, что она́ им так говори́т. Она́ не хоте́ла с ни́ми игра́ть, она́ их прогоня́ла. Игра́ть она́ мо́жет то́лько с Верони́кой, в свое́й семье́. Други́е медве́ди – э́то медве́жья семья́, чужа́я семья́.

А лю́ди корми́ли медве́дей и ду́мали, что они́ возьму́т к себе́ А́йку. Но так не быва́ет в А́рктике.

12 **вперёд** vorwärts – 13 **зарыча́ть** (vo.) losbrüllen – 21 **прогоня́ть/прогна́ть** fortjagen, verjagen – 24 **чужо́й** fremd

Иска́ть пи́щу там о́чень тру́дно: чужо́й ребёнок – ещё оди́н рот, он не ну́жен медве́жьей семье́.

Да и А́йка не хоте́ла к ним идти́. Её семья́ здесь, у люде́й.

И ста́ло я́сно, корми́ть ди́ких медве́дей – э́то пло́хо. Они́ не шли на охо́ту, а у люде́й конча́лись проду́кты. Вот уже́ и а́вгуст. Ко́нчилось коро́ткое поля́рное «ле́то». И сно́ва моро́зы, лёд и ве́тер во́круг.

К сча́стью, медве́дица то́же поняла́ – она́ должна́ научи́ть свои́х детей охо́титься, пока́ не наступи́ла поля́рная ночь, пока́ ещё све́тит со́лнце. Снача́ла она́ ушла́ на охо́ту одна́. Дете́й оста́вила с людьми́. Когда́ она верну́лась с тюле́нем в зуба́х, лю́ди могли́ наблюда́ть, как она́ у́чит дете́й есть э́ту пи́щу.

15 **тюле́нь** (m.) Robbe, Seehund

А́йка хоте́ла то́же посмотре́ть, но медве́дица прогнала́ её. Так прошёл а́вгуст. И вот одна́жды медве́ди ушли́ все вме́сте и не верну́лись.

***

Ле́дины проща́лись с о́стровом Чамп. Они́ по́няли, что А́йке нет ме́ста на о́строве. Она́ родила́сь в зоопа́рке, жила́ у люде́й. Она́ не мо́жет ходи́ть на охо́ту, как ди́кие медве́ди, её никто́ не научи́л э́тому.

Лю́ди жи́ли среди́ медве́дей. Они́ по́няли, что е́сли вести́ себя́ дружелю́бно, не пуга́ть медве́дей, то мо́жно мно́го интере́сного узна́ть об их жи́зни. Ле́дины уви́дели, что бе́лый медве́дь не опа́сен челове́ку. И челове́к до́лжен ему́ помо́чь. Бе́лый медве́дь, как все живо́тные, кото́рых ста́ло ме́ньше на земле́, занесён в Кра́сную кни́гу. Охо́та на него́ запрещена́, и тепе́рь бе́лых медве́дей ста́ло бо́льше.

Обо всём э́том рассказа́ли Ле́дины в кинофи́льме «Бе́лый медве́дь».

Фильм получи́л пе́рвый приз во Фра́нции на кинофестива́ле «Челове́к и приро́да».

1. Где нахо́дится о́стров Чамп, кто там живёт?
2. Почему́ полете́ли туда́ на самолёте Ле́дины и А́йка?
3. С кем и как игра́ла А́йка на о́строве и что она́ де́лала одна́?
4. Как вы ду́маете, почему́ волнова́лись взро́слые?
5. Что случи́лось, когда́ медве́ди, наконе́ц, пришли́?
6. Почему́ А́йка не игра́ла с медве́дями и почему́ медве́ди не хоте́ли приня́ть А́йку?
7. Лю́ди корми́ли ди́ких медве́дей – хорошо́ э́то и́ли пло́хо?
8. Почему́ медве́дица пошла́ на охо́ту одна́?
9. Как вы ду́маете, почему́ ушли́ медве́ди?
10. Почему́ А́йка не могла́ оста́ться в А́рктике?
11. О чём рассказа́ли Ле́дины в кинофи́льме «Бе́лый медве́дь»?

2 **пуга́ть/испуга́ть** erschrecken – 7 **занесён** eingetragen – 7 **Кра́сная кни́га** Artenschutzbuch der UdSSR bzw. ihrer Nachfolgestaaten – 8 **запрещён** verboten

В кварти́ре

Когда́ Лёдины в конце́ сентября́ верну́лись домо́й, А́йка ча́сто была́ неспоко́йной и гро́мко выража́ла своё неудово́льствие. Ей ну́жен был просто́р. Она́ не хоте́ла остава́ться одна́ в ма́ленькой кварти́ре. Но Лёдины шли на рабо́ту, а Верони́ка – в шко́лу …

По́сле А́рктики А́йке бы́ло о́чень жа́рко в кварти́ре. Верони́ка наполня́ла для неё ва́нну холо́дной водо́й, но А́йка так вы́росла, что ва́нна была́ ей мала́. А пото́м вся кварти́ра станови́лась мо́крой … И всё ча́ще сиде́ла А́йка в снегу́ на балко́не и смотре́ла на го́род с седьмо́го этажа́. Но ей там бы́ло ску́чно, она начина́ла реве́ть, и э́то серди́ло сосе́дей … Они́ говори́ли:

– Э́то дом и́ли зоопа́рк? Когда́ э́то ко́нчится?

– Извини́те, пожа́луйста, ско́ро мы увезём А́йку, – сказа́ла Людми́ла Петро́вна.

Ю́рий Я́нович собра́л семе́йный сове́т, А́йка то́же прису́тствовала.

– Вот что, мои́ дороги́е, – сказа́л Ю́рий Я́нович, – А́йка бо́льше не мо́жет жить с на́ми.

– Почему́? Как же она́ бу́дет без нас! – сказа́ла Верони́ка.

– Ей бу́дет лу́чше в зоопа́рке, Ни́ка, – отве́тила Людми́ла Петро́вна.

– А е́сли мы принесём мно́го сне́га и сде́лаем на балко́не сне́жный до́мик, то она́ бу́дет всю зи́му там спать, – сказа́ла Ни́ка.

2 **выража́ть/вы́разить** ausdrücken – 8 **наполня́ть/напо́лнить** füllen – 11 **мо́крый** nass – 13 **реве́ть** (uv.) brüllen

– Мне то́же о́чень тру́дно расста́ться с А́йкой, но на балко́не она́ не мо́жет спать: всё э́то ненорма́льно. Пойми́, Ни́ка, ей нужны́ и друзья́, медве́ди, – сказа́л па́па.

– А я? Я кто? – почти́ пла́кала Верони́ка.

– Ну да, ты её подру́га, но не медве́дь, – пошути́ла ма́ма.

А́йка как бу́дто поняла́, о чём говоря́т лю́ди; ли́знула Верони́ке нос и лицо́. Верони́ка обняла́ А́йку. А́йка поду́мала, что Ни́ка игра́ет с ней, как на о́строве, и толкну́ла её ла́пой. Они́ вме́сте упа́ли, а за ни́ми телефо́н и ла́мпа со стола́ – всё разби́лось.

– Вот ви́дишь, – сказа́л па́па, – А́йке ну́жен просто́р. Жаль, что у нас в Нори́льске нет зоопа́рка – кли́мат здесь хоро́ший для А́йки. И в Москве́ нет ме́ста, я э́то зна́ю. Сказа́ли, что зоопа́рк в Берли́не охо́тно возьмёт бе́лого медве́дя. Я ду́маю, что там А́йке бу́дет о́чень хорошо́. У них свобо́дные волье́ры и больши́е бассе́йны.

– Это далеко́? – спроси́ла Ни́ка.

– Не да́льше, чем о́стров Чамп, – успоко́ила её ма́ма.

1. Каки́е пробле́мы появи́лись у А́йки, когда́ она́ верну́лась в Нори́льск?
2. Почему́ Ю́рий Я́нович собра́л семе́йный сове́т и что он сказа́л?
3. Как реаги́ровала Верони́ка на реше́ние роди́телей, и что она́ предложи́ла?

8 **как бу́дто** so tun, als ob – 11 **ла́па** Pfote, Tatze – 13 **разбива́ть/разби́ть** zerschlagen – 18 **охо́тно** gern

Расстава́ние

В Москву́ опя́ть лете́ли все вме́сте. Коне́чно, в тра́нспортном самолёте! В пассажи́рском самолёте э́то бы́ло бы уже́ невозмо́жно: тепе́рь лю́ди не улыба́лись, как ра́ньше, – они́ боя́лись медве́дя. Хотя́ А́йке испо́лнился то́лько оди́н год, она́ была́ о́чень больша́я и ве́сила бо́льше ста килогра́ммов. И каза́лась о́чень опа́сной. Но то́лько Ле́дины зна́ли, что э́то не так. Верони́ка не́жно разгова́ривала с А́йкой, обнима́ла её. А́йка лиза́ла ей нос и ру́ки.

Ле́дины бы́ли гру́стные, ведь расстава́ние – э́то всегда́ печа́льная исто́рия. А А́йка? Она́ была́ ти́хой и́ли гру́стной? Тру́дно сказа́ть, что она́ чу́вствовала в э́тот моме́нт, но ей бы́ло нелегко́, э́то зна́ли лю́ди. В Москве́ они́ попроща́лись с А́йкой. До Берли́на А́йка лете́ла уже́ одна́, без свое́й семьи́.

1. Как лете́ли на самолёте и где бы́ло проща́ние?

5 **А́йке испо́лнился год** Aika war ein Jahr alt – 9 **не́жно** zärtlich – 12 **печа́льный** traurig

Эпило́г

Че́рез ме́сяц Ле́дины получи́ли письмо́ из Герма́нии. Профе́ссор Да́те, дире́ктор берли́нского зоопа́рка, писа́л, что А́йка при́была здоро́вой и чу́вствует себя́ хорошо́.

– А когда́ мы к ней пое́дем? – спроси́ла Верони́ка.

– Ну, мо́жет быть, че́рез год, – отве́тил па́па.

– Э́то бы́ло бы о́чень хорошо́, – сказа́ла Людми́ла Петро́вна.

Но в жи́зни не всегда́ так быва́ет, как хо́чется … Че́рез два ме́сяца пришло́ друго́е письмо́ из Берли́на.

Профе́ссор Да́те писа́л, что случи́лось непредви́денное и гру́стное: А́йка зале́зла на скалу́ в волье́ре, скала́ была́ мо́края по́сле дождя́. А́йка упа́ла и умерла́. А́йка вы́росла на балко́не, она́ не боя́лась высоты́. Ви́димо, э́то и бы́ло причи́ной её сме́рти …

1. Кто, когда́ и о чём написа́л письмо́ из Герма́нии?
2. Когда́ Ле́дины прочита́ли письмо́, о чём мечта́ла семья́?
3. О чём рассказа́ло второ́е письмо́?
4. Как вы ду́маете, почему́ умерла́ А́йка?

14 **непредви́денное** das Unvorhersehbare – 18 **смерть** (f.) Tod